AF581410

CHANSONS NOUVELLES *ET GAILLARDES*,

Sur les plus beaux airs de ce temps.

Miſes au jour rue de la Huchette, par un Aſne onime.

NOUVELLE EDITION,

Conſidérablement augmentée, & avec de grands changemens, qu'il faudroit encor changer.

A PARIS, A LONDRES, & A ISPAHAN, ſeulement.

M. DCC. LIII.

CHANSONS NOUVELLES ET GAILLARDES,

Sur les plus beaux Airs de ce temps.

CHANSON

Sur l'air : *Une faveur Lizette. Faut la chanter niaiſement, agréablement, & ſans fignoller.*

C'Eſt la fille à ma tante,
pour qui j'ai de l'amour ;
cette bonne parente
ſent pour moi du retour ;
mais c'eſt la vertu même ;
je ne puis réuſſir,
cependant elle m'aime
ç'a fait toujours plaiſir.
L'hymen qui m'épouvante,
pour elle a des appas ;
le ſacrement la tente,
mais je n'en tâte pas.

Quant on eſt en ménage
l'on ſe voit ſans deſir,
mais hors du mariage
ç'a fait toujours plaiſir.
Quelque fois je l'embraſſe,
(car je ſuis ſon couſin)
Et même elle me paſſe
le baiſer ſur ſon ſein ;
mais quand ma main approche
du but de mon deſir,
j'attrape une taloche,
ç'a fait toujours plaiſir.
La nuit ſouvent un rêve,
je vois ſes charmes nûs ;
j'imagine voir Eve,
mes ſens ſont tout emus ;
amour, quel doux menſonge !
paf * : je crois en jouir,
quoique ce ſoit un ſonge,
ç'a fait toujours plaiſir.

* *Voyez l'Errata.*

Autre Air.

LE feu qui dévore mon ame
deſſecheroit le vaſte ſein des mers,
& je ne vois de remede à ma flamme

que la mort ou la main de celle que je sers.
Amour, amour, dont j'ai suivi la loi,
je vais mourir si ta présence
n'arrache à la reconnoissance
un * qui n'étoit dû qu'à moi.

** Voyez l'Errata.*

AUTRE.

Sur l'air : *Ton himeur est Catherine.*

A l'encontre d'un Apotiquaire qui faisoit le Monsieur à l'envers de sa femme.

FIllette, qui sera sage,
ne doit jamais, entre nous,
aller prendre en mariage
un Mousquetaire à genoux.
l'amant & l'apotiquaire
agissent différemment,
car l'un vous prend par derriere,
l'autre prend bien autrement.
Jadis une Damoiselle
en mariage en prit un ;
elle fut toujours pucelle,
& lui toujours importun.

l'amant & l'apotiquaire
agiſſent différemment,
car l'un vous prend par derriere
l'autre prend bien autrement.

Un amant vous baiſe en face,
ſur la bouche, ou ſur les yeux;
ou ſur le ſein avec grace;
ſouvent il baiſe encor mieux.
l'amant & l'apotiquaire
agiſſent différemment,
car l'un vous prend par derriere
l'autre prend bien autrement.

C'eſt un mal pis qae la rage,
pour un objet gracieux,
d'aller tomber en partage
à quelqu'un de ces Meſſieux.
l'amant & l'apotiquaire
agiſſent différemment
car l'un vous prend par derriere
l'autre prend bien autrement.

AUTRE

Sur un air d'Atis & de Sangarie.

LA beauté, la plus ſévere,
eſt conduite au Pont-tournant,
Par l'amant, qui perſévere,

& qui prend bien ſon tournant ;
il eſt vrai qu'un ſouper coûte ,
& que le Suiſſe eſt bien cher ;
Mais qu'importe , ſi l'on goûte
Le plaiſir d'être en bon air ,
Qu'importe pourvû qu'on danſe , *
Cela vous paroît-il clair ?

* *Voyez l'Errata.*

AUTRE.

Sur l'air : *Vivent les Gueux* , ou bien ,
Vivent le Grecs.

C'eſt une Chanſon du Gilles le Niais de la Foire.

SI j'ſçavois tromper les meres ,
Et les Argus ,
Si j'ſçavois d'tous mes comperes
fair' des cocus ,
Diroit-on que je ſerais *
Gilles l'gniais ?

* Remarquez *Serais* , qui eſt mis comme l'oſtograſſe de M. de Voltaire.

Si j'ſçavois des femmes prudentes
jouir, ſans bruit;
Si j'ſçavois des innocentes
ouvrir l'eſprit,
Diroit-on que je ſerais
Gilles l'gniais ?

Si j'ſçavois bien d'autres choſes
qui font plaiſir,
Si j'ſçavois cueillir les roſes,
ſans les flêtrir;
Diroit-on que je ſerais
Gilles l'gniais ?

Si j'ſçavais prendre les femmes
par mes exploits,
Si j'ſçavois compter, Meſdames,
par mes dix doigts,
Diroit-on que je ſerais
Gilles l'gniais ?

Tout ce que je viens de dire,
dans ces couplets,
n'a point été Dit pour rire,
ce ſont mes faits;
Peut-on m'appeller après
Gilles l'gniais ?

AUTRE AIR NOUVEAU.

Complainte d'un amant à l'Echo qui lui répond.

l'Echo.

MA Maîtreſſe eſt infidelle .... fi d'elle.
je la crois pourtant pucelle .... ah ouiche,
à moins que çà ne ſoit douteux... douteux.
C'eſt c'à que j'er'doute ..... doute.
Eſt-ce en ce cas tant pis, tant mieux?
Tant pis.., tant mieux,
Tant mieux ... tant pis.
c'eſt tous les deux,
c'eſt tant pis tant mieux.

Mon cœur s'prend comme du ſoulphre.... du ſoulphre.
ç'a fait que ſouvent j'en ſouffre ..... Jean ſouffre.
puis il faut être trop argenteux ..... le gueux.
car une femme c'eſt un gouffre... gouffre.
eſt-ce, en ce cas tant pis, tant mieux?

tant pis .... tant mieux,
tant mieux .... tant pis.
c'eſt tous les deux
c'eſt tant pis tant mieux.

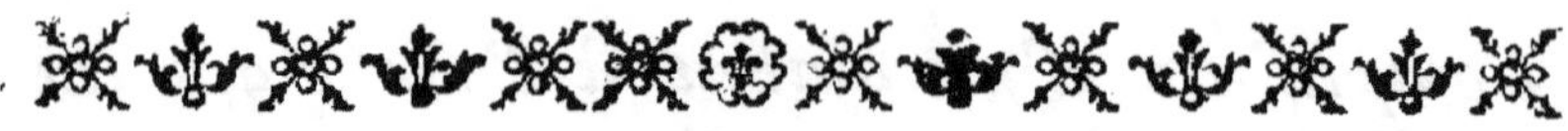

AUTRE.

Sur l'air : *J'étois, j'étois malade d'amour; mais j'en ſuis ſoulagée.*

A l'encontre d'un Talon rouge, qui avoit perdu le reſpect à une Intendante, mais qui ne pût jamais lui en manquer, tout-à-fait.

Et c'eſt la femme qui parle.

HIer matin, & m'éveillant,
(j'en ſuis encor choquée)
Par un ſot, qui fait le galant,
Je fus, preſque, bruſquée :
C'eſt un, c'eſt un petit inſolent,
qui m'a, qui m'a manquée.

Après d'inutiles tranſports,
(j'en ſuis encor choquée,)
Après d'inutiles efforts,
qui m'avoient fatiguée,

c'eſt un ſot, c'eſt un ſot petit corps,
qui m'a, qui m'a manquée.

D'abord d'un air peu circonſpect,
Il m'avoit attaquée,
Après cela, d'un faux reſpect,
Maſquant cette équipée,
Quel chien, quel chien, quel chien de reſpect!
il m'a, il m'a manquée.

AUTRE.

Sur l'air : *De Nina*, ou bien, *Dam' me voila, me voila, là.*

LEs raiſons que les étourdis
contoient, jadis, aux femmes,
montoient, au moins, à neuf ou dix,
ſouvent, à plus, Meſdames;
ces beaux complimens, d'autrefois,
aujourd'hui, ſont réduits à trois,
à deux, ou un;
je ſçais quelqu'un,
qui rend encor ce calcul,
nul.

VAUDEVILLE NOUVEAU.

Sur l'air : *Boire à son tire lire, &c.*

IL faut s'aimer toujour,
& ne s'épouser guère,
il faut faire l'amour,
sans Curé, ni Notaire ;
Cessez, Messieurs,
d'être épouseurs ;
n'visez qu'au tirelirelir
n'visez qu'au tourelourlour
N'visez qu'aux cœurs.

Dans ce siécle, l'on prend
une Iris, qu'on marchande ;
est-il un bien plus grand,
commodité plus grande ?
Cessez, &c.

C'est à l'Opéra, crac,
que les gens se marient ;
c'est dans le cul-de-sac,
que les bancs se publient.
Cessez, &c.

Pourquoi ſe marier,
quand les femmes des autres
ne ſe font pas prier,
pour devenir les nôtres ?
Quand leurs ardeurs,
quand leurs faveurs,
cherchent nos tirelirelir
cherchent nos tourelourelour
cherchent nos cœurs.

AUTRE.*

Sur l'air : *Si le Roi m'avoït donné Paris ſa grande Ville.*

UN ſoir revenoit Cadet,
(ce n'eſt pas ſa faute,)
tenant ſa femme Babet,
la fille à nôtre hôte,
un voleur ſaiſit Cadet,
un voleur ſaiſit Babet;
c'eſt bien la faute du Guet,
ce n'eſt pas leur faute.
Un voleur roſſoit Cadet,
(ce n'eſt pas ſa faute,)

* Cette Chanſon eſt une Hiſtoire arrivée.

un voleur baisoit Babet,
la fille à nôtre hôte;
ç'a fit du mal à Cadet,
ç'a fit plaisir à Babet;
c'est bien la faute du Guet,
ce n'est pas leur faute.

Ah quels coups, disoit Cadet!
(ce n'est pas ma faute;)
ah quels coups, disoit Babet!
la fille à nôtre hôte!
je me meurs, disoit Cadet;
je me meurs, disoit Babet;
c'est bien la faute du Guet,
ce n'est pas leur faute.

Au voleur, crioit Cadet,
(ce n'est pas ma faute;)
cher voleur, disoit Babet,
la fille à nôtre hôte;
je n'y reviens plus, Babet;
moi, j'y reviendrai, Cadet;
car c'est la faute du Guet,
ce n'est pas ma faute.

Faut chanter çà, en changeant de voix. Quand c'est Cadet, qui parle; faut exprimer la douleur: & quand c'est Babet, faut faire semblant de sentir du plaisir, le plus indécemment qu'on pourra.

LA MARCHANDE DE GANDS DES FILLES.

Air : De l'Opéra de Zaïde : *Perdez amants, dans ces momens.*

JE vends des Gands,
très-élegans,
unis & blancs,
doux en dedans,
ſerrans
encor
très-fort
les doigts
ſix mois
depuis
qu'on les a mis.

Si vous aimés
les parfumés,
vous choiſirés
les plus ambrés ;
Tenez,
mettez-ici le nez.
Je vends, &c.

Si d'abord,
ils prêtent trop fort,
comme j'ai tort,
je les reprends
quand les gens
les trouvent trop grands.
Je vends, &c.

VAUDEVILLE NOUVEAU.

Sur l'air *du Vaudeville du Jaloux corrigé, Opéra bouffon, & qui est tombé.*

TAnt que le bon ton durera,
les honnêtes femmes gaillardes,
s'en tiendront aux Soldats ax Gardes;
on les payera,
on s'en vantera,
on s'les enlévera,
on s'les arrachera;
mais si, jamais, le bon ton passe,
aux Cordeliers on reviendra,
les Carmes rentreront en grade,

Le Poëte a outré la matiere dans ce Couplet, car il y a bien peu de Femmes à la ville, qui soient de ce caractère.

on les reprendra,
on les périra,
on ſes exténûra,
on les abîmera.

Un langoureux, qui pouſſera
les beaux ſentimens prés du Seſque,
d'un air plaintif, & romaneſque,
l'on s'en mocquera
l'on s'en fichera,
& l'on vous l'enverra
fair'ſucre, & cœtera; *
mais l'amant. qui, ſans autre ruſe,
dans un beſoin, violera
une femme qui le refuſe,
l'on s'en fâchera,
puis l'on en rira;
bis, bis on lui dira,
il recommencera.

En France, un Acteur d'Opéra
dans la voix, a peu d'étendue.
s'il fait une longue tenue,

* Au lieu de *fair'ſucre*, mettez ſi vous voulez : *ſe faire & cetera*, au cas qu'on trouve ça plus propre.

il s'essoufflera,
il vous ratera,
en plein, un a mi la,
& vous laissera là;
mais, un Castrat a la sçience
de plaire au beau Sexe; en cela,
qu'en allongeant une cadence,
il vous restera,
une heure, au moins là;
il y demeurera,
tant qu'on s'en pâmera.

Ne faut pas se défier de l'intelligence de ses Lecteurs; pourtant faut avouer qu'il y a, dans ce dernier Couplet, une allégorie, qui ne sera pas entendue de tout le monde; au moins ce Couplet là n'est pas fait pour des bêtes.

AUTRE.

Sur l'air : *Ogué lanla lanlere, ogué lanla.*

Chanson de Comédie en personnes naturelles.

LA où Monsieur Léandre
vaut mieux que tou,
où il est bon à prendre,
je sçais bien où . . . . .
avec les filles
de Saint-Clou,
ou du Gros-Caillou,
st'amoureux filou,
quand elles sont gentilles
comme il est fou !

A la ville, en campagne,
il est gaillard,
la gaîté l'accompagne,
tout par-tout, car
avec les Filles
de Saint-Clou,

ou du Gros-Caillou,
ſt'amoureux filou,
quand elles ſont gentilles,
comme il eſt fou !

Contons, de Monſieur Gille,
un peu les faits,
aux femmes de la ville
il en veut, mais
avec les filles
de Saint-Clou,
ou du Gros-Caillou,
ſt'amoureux filou,
quand elles ſont gentilles,
comme il eſt fou !

Souvent l'amour le guette
chez un traiteur,
car c'eſt, à la Guinguette,
qu'il bleſſe un cœur ;
avec les filles
de Saint-Clou,
ou du Gros-Caillou,
ſt'amoureux filou
quand elles ſont gentilles,
comme il eſt fou !

FIN.

ERRATA.

Pag. 2. Paſ, *liſez*, f. s. t. *ou* f. t.

Pag. 3. un *, *liſez*, un cœur tout naturellement.

Pag. 3. Damoiſelle, *liſez*, Demoiſelle, cela eſt important,

Pag. 4. Qu'on danſe, mettez la rime, en vous-même.

Pag. 12. Je vends des gands. Voyez une autre Chanſon ſur le même Air.

Pages 1, 2, 3, 4, 5, 6, 7, 9, 10, 11, 12, 13, 14, 15, 16, 17, & 18, rayez tout généralement, excepté le dernier vers.

De l'Imprimerie de la Veuve OUDOT, ſans Approbation, & ſans Approbateur.

www.ingramcontent.com/pod-product-compliance
Lightning Source LLC
LaVergne TN
LVHW050510160826
845677LV00003B/1050

* 9 7 8 2 3 2 9 6 3 7 8 3 9 *